AF369997

MÉDAILLES GRECQUES

ANTIQUES

Collection Mᵉ E. A.

HOTEL DROUOT

PARIS

Mardi, 16 Octobre 1923.

Médailles Grecques

ANTIQUES

dont la vente aux enchères aura lieu

à l'HOTEL DROUOT

le Mardi 16 Octobre 1923
à 2 heures

COMMISSAIRE-PRISEUR :

Mᵉ F. LAIR-DUBREUIL
6, Rue Favart, 6
Paris

EXPERTS :

J. FLORANGE	**L. CIANI**
17, Rue de la Banque, 17	54, Rue Taitbout, 54
Paris (2ᵉ)	Paris (9ᵉ)
Téléphone : Louvre 39-31	Téléphone Trudaine 60-64

CONDITIONS DE LA VENTE

La vente aura lieu au comptant.

Les acquéreurs paieront 17 1/2 pour cent en sus des enchères.

Les pièces ayant été exposées et les acquéreurs ayant ainsi pu juger de
leur état, aucune réclamation ne sera admise une fois l'adjudication pro-
noncée.

MM. les Experts exécuteront les commissions que MM. les Amateurs
voudront bien leur confier aux conditions habituelles (5 % sur la limite).

Les Experts peuvent suivre ou modifier l'ordre du catalogue et réunir ou
diviser les numéros.

La conservation des pièces a été indiquée sévèrement.

B = beau ; TB = très beau ; FDC = fleur de coin.

EXPOSITION PARTICULIÈRE CHEZ LES EXPERTS :

M. J. Florange, 17, rue de la Banque, du 3 Octobre au 6 Octobre 1923.

M. L. Ciani, 54, rue Taitbout, du 9 Octobre au 13 Octobre 1923.

Monnaies Antiques

PÉRIODE
ROMANO-CAMPANIENNE

1 — Tête de Janus. ᚱ. Bige au galop. (Bab., 23). Arg. B.   8

CAMPANIE

2 — **Hyria**. Tête de Pallas à gauche. ᚱ. ΥΔΙΝΑΙ. Taureau andro-   20
céphale à gauche. (Sambon, n° 780). Didrachme. Arg. B.

3 — **Naples**. Tête de nymphe à gauche, la chevelure bouclée et   32
ceinte d'un bandeau. Derrière : une cigogne. ᚱ. ΝΕΟΡΟΛΙΤΩΝ
Taureau androcéphale allant à droite. Sous le taureau : ΙΣ..
(Sambon, n° 507). Arg. B.

CALABRE

4 — **Tarente**. Cavalier allant à gauche vers un homme debout.   105
Sous le cheval APIΣTI. Γ. Dans le champ à droite : ΓΥ. ᚱ.
Taras chevauchant le dauphin et tenant arc et flèche. Dans le
champ en bas : ΔΙ. A l'exergue un éléphant (B. M., n°. 174). A rg.
Planche I.

5 — — Cavalier nu au pas à gauche. Dans le champ : ΝΚ. Entre les   85
pattes du cheval : ΙΑ. ΡΙΑ. ᚱ. Taras nu chevauchant le dauphin,
tenant un trident. A l'exergue : ΤΑΒΑΣ. Arg. TB. *Planche I.*

6 — — Cavalier nu casqué, tenant bouclier et javelot et galopant à droite. Sous le cheval : ⊦ ⹍. TAPAΣ. Taras nu chevauchant le dauphin. Au dessous : des flots. (Ev., page 65). Arg. TB.

Planche II.

LUCANIE

7 — **Métaponte**. Tête de Démeter à gauche couronné d'épis. ⹍. Epi de blé. Dans le champ à gauche, des tenailles. Arg. B.

8 — **Thurium**. Tête d'Athéna à droite coiffée du casque athénien, orné de feuillages. ⹍. ΘOYPIΩN. Taureau fonçant à droite. (B. M., 20). Arg. B.

9 — — Variété avec le casque orné d'un Scylla. ⹍. ΘOYPIΩN. Taureau fonçant à droite. A l'exergue : un poisson. (B. M., 20). Arg. TB.

Planche II.

SICILE

10 — **Gela**. ΖΑ-Λ-Ω). Protome de taureau androcéphale tourné vers la droite. ⹍. Quadrige au pas, survolé de Niké couronnant les chevaux. (Br. Mus., 3. — Bab., 1., 2302). Arg. TB.

Planche II.

11 — **Léontinium**. Cavalier allant droite. ⹍. Tête de lion, la machoire ouverte, entourée de grains d'orge. (B. M., 12 variétés.). Arg. B.

BRUTTIUM

12 — **Locres**. Tête de Zeus laurée. ⹍. Aigle volant, tenant dans ses serres un lièvre. (B. M., n° 7, variété). Arg. TB. *Planche I.*

SICILE

13 — **Agrigente**. Aigle à gauche au repos. ⹍. Crabe. (B. M., 39.) Arg. B.

14 — **Naxos**. Tête de Dionysos à droite, barbu et bandeau dans les cheveux. ℞. Silène assis regardant à gauche, tenant une amphore et un thyrse. (B. M., 18.). Arg. Douteux. TTB. *110*

Planche II.

MACÉDOINE

15 — **Alexandre III le Grand**. Tête d'Héraclès à droite avec la peau de lion. ℞. Zeus aétophore assis à gauche, tenant sceptre. Différent : ₽. (Pellas) (Muller, 43). Arg. TTB. *32*

16 — — Même type avec au ℞ différent : Fleur de Balastrium. (Trélium.) (Muller, 115.). Arg. TTB. *32*

17 — — Même type avec au ℞ différent : Massue (Héraclea Sintica) (Muller, 138.). Arg. B. *13*

18 — — Même type avec au ℞ différent : Casque (Mesembria) (Muller, 442.). Arg. TB. *25*

19 — — Même type avec au ℞ différent : Coq (Salymbria) (Muller, 392). Arg. B. *15*

20 — — Autre pièce. (Muller, 392.). Arg. B. *16*

21 — — Même type avec au ℞ différent : YO III". (Ace.) (Muller, 1426). Arg. B. *15*

22 — — Autre variété. (Muller, 1426.). Arg. B. *10*

23 — — Même type avec au ℞ différent : Couronne (Thrace) (Muller, 548.). Arg. B. *15*

24 — — Autre variété. Arg. B. *12*

25 — — Autre variété. Arg. B. *12*

26 — — Autre variété. Arg. AB. *14*

27 — — Autre variété. Arg. B. *11*

28 — — Même type avec au ♃ différent : Couronne avec MP (Macedoine, Thrace et Thessalie réunies). (Muller, 709.). Arg. B.

29 — — Autre variété. Arg. B.

30 — — Autre variété. Arg. B.

31 — — Autre variété. Arg. B.

32 — — Autre variété, avec au ♃ différent : Σ. (Mallus) (Muller, 1321.). Arg. TB.

33 — — *Drachme*. Autre variété avec au ♃ différent. Abeilles (Melitaea) (Muller, 526.). Arg. TB.   *Planche II.*

34 — **Phillipe II**. Tête d'Héracles à droite. ♃ Zeus aétophore assis à gauche, tenant sceptre. Différent : M. (Muller, 103 var.). Arg. TB.

35 — — Avers précédent. ♃ différent : M. (Muller, 103 var.). Arg. B.

36 — — Avers précédent. ♃ différent : I et E en monogramme. (Thérone) (Muller, 181.). Arg. TB.   *Planche I.*

37 — — Avers précédent. ♃ Cavalier allant à droite. Différent : Les. Dioscures. (Muller 181ᵉ.). Arg. TB.

38 — — Avers précédent. ♃ Cavalier allant à gauche. Différent : Faisceau (Pella) (Muller, 5.) Arg. TB.

39 — **Philippe III Aridée**. Avers précédent. ♃ ΦΙΛΙΠΠΟΥ. Zeus aétophore assis à gauche. Sous le siège : ΣΙ (Sidon) (Muller, 106.) Arg. TB.   *Planche II.*

40 — — Autre variété avec le signe ⧺ sous le siège. (Muller, 125.) Arg. B.

41 — **Antigone Gonatas et Antigone Doson**. Tête de Poséidon à droite, les cheveux tombant sur le cou et couronnés d'algues. ℞. ΒΑΣΙΛΕΩΣ ΑΝΤΙΓΟΝΟΥ écrit sur la proue d'un navire, sur laquelle se tient Apollon à cheval. (C. Imhoof-Blumer. Mon. Grecques, p. 128.) Arg. TB.   *Planche II.*   250

42 — **Persée**. Sa tête diadémée à droite. ℞. Aigle debout sur un foudre. En haut ♀, à droite ♀ et entre les pattes ⚲. Arg. TB.   *Planche I.*   205

PÉONIE (ROYAUME DE)

43 — **Patraos**. Tête virile imberbe et laurée à droite. ℞. Cavalier terrassant de la lance un ennemi tombé à terre. Arg. TTB.   *Planche I.*   125

MACÉDOINE (ROYAUME DE)

44 — **Domination romaine** (158-149). Bouclier macédonien au centre duquel le buste d'Artémis diadémé et aux cheveux relevés; derrière la nuque arc et carquois. ℞. Massue dans une couronne de chêne. (B. M., 8 var.). Arg. B.   18

45 — — Autre variété. Arg. TB.   42

46 — — Autre variété avec différent : Æ dans le haut seulement. Arg. TB.   *Planche I.*   32

47 — **Aesilias** (92-88). Tête cornue d'Alexandre. ℞. Massue entre coffret rond et chaise, le tout dans une couronne de laurier. (Thessalonique) (B. M., 181.) Arg. TTB.   *Planche I.*   90

THRACE

48 — **Maronée**. Tête de Dionysos imberbe à droite, diadémée et couronnée de lierre. ℞. Dionysos debout nu, la chlamyde sur le bras tenant baguettes et grappe de raisin. Différent : ΜΑΟΥ en monogramme (B. M., 59). Arg. TB.   *Planche I.*   35

32

49 — **Thasos**. Tête de Dionysos imberbe à droite. ℞. Héracles lauré debout de face s'appuyant sur une massue et tenant la peau du lion. (B. M., 67). Arg. TB.

DYNASTIES DE THRACE

205

50 — **Lysimaque**. Tête d'Alexandre cornue et diadémée à droite. ℞. Athéna casquée tenant Victoire assise sur un trône et s'appuyant sur un bouclier. Dans le champ : M, sous le siége : BY. A l'exergue : un trident. Arg. TTB. *Planche I.*

EUXIN

16

51 — **Istros**. Deux têtes imberbes unies de face. Celle de droite est renversée. ℞. ΙΣΤΡΙΗ. Aigle debout à gauche sur un dauphin. Lettre : Δ et signe ✂. (Voir Head, page 235.) Arg. B. *Planche II.*

THESSALIE

80

52 — **Larissa**. Tête de nymphe à gauche les cheveux en sphendone. ℞. ΛΑΡΙΣΑ - ΙΛ. Cheval au galop à gauche. (B. M., 51, var.) Arg. B. *Planche II.*

ILLYRIE

10

53 — **Apollonia**. Vache allaitant son veau. ℞. Double carré aux angles arrondis dans lequel feu et branche. (B. M., 41). Arg. B.

22

54 — **Dyrrachium**. Vache allaitant son veau. ℞. ΔΥΡ. Deux rectangles ornés de dessins floraux. A l'exergue : une massue. Arg. B.

EPIRE

25

55 — **Confédération épirote**. Tête de Zeus couronnée de chêne. ℞. Aigle sur un foudre, le tout dans une couronne de chêne. (B. M., 26). Arg. TB.

CORCYRE

56 — (*Vers* 330-229) Amphore. ℞. Pétale de fleur en forme de soleil. Arg. B.   *42*

BOÉTIE

57 — **Orchomenus**. Bouclier macédonien. ℞. BO.IΩ Amphore au-dessous de laquelle une petite massue (B. M., 48). Arg. B.   *16*

58 — **Thèbes**. Bouclier macédonien. ℞. Amphore ΘE (B. M., 26). Arg. TB.   *25*

59 — — Autre variété avec AΓ ΛA. (B. M., 111). Arg. TTB.   *31*

60 — — Autre variété avec AΓ ΛA (B. M., 111). Arg. TTB.   *40*

61 — — Autre variété avec EΓ ΓA (B. M., 138). Arg. TB.   *38*

62 — — Autre variété avec KA AI (B. M., 151 var.). Arg. B.   *22*

ATTIQUE

63 — **Athènes**. (*Style archaique*) Tête d'Athénée à droite ℞. AΘE. Chouette de face et branche d'olivier Tetradrachme. (Bab., III, 28, pl. n° 1). Arg. B.   *27*

64 — — Autre variété.   *35*

65 — — Autre variété. Arg. TB.   *22*

66 — — Autre variété. Arg. B.   *22*

67 — — Autre variété (Bab., III, 28, pl. n° 3). Arg. TB.   *45*

68 — — Autre variété. Arg. TTB.   *40*

69 — — Autre variété (Bab., III, 48, var.). Arg. TTB. *Planche II.*   *81*

CORINTHE

52

70 — Pégase volant à gauche. ℞. Tête de Pallas coiffée du casque corinthien. Différent : Main tenant torche et un bucrâne (B. M. pl. III. 17). Statère. Arg. TTB.

45

71 — — Avers du précédent. ℞ différent : N et bucrâne (B. M., pl. XI. 11). Arg. TB.

COLONIES DE CORINTHE

38

72 — **Anactorium**. Pégase volant. ℞. Tête de Pallas coiffée du casque corinthien. Différent : Hameçon et Ν (B. M., pl. XXXII. 10). Arg. TB.   *Planche I.*

42

73 — **Anactorium**. Avers précédent. ℞ différent : ΚΑΕ, Ν et bucrâne posé sur 2 tiges. (B. M., pl. XXX. 9). Arg. TB.

21

74 — **Anactorium**. Avers précédent. ℞ différent : Caducée et Λ (B. M., XXXV. 18). Arg. B.   *Planche I.*

ELIDE

115

75 — **Elis**. Tête de Jupiter laurée et à droite lettre Λ. ℞. ΓΑΛΕΙΟΝ Aigle au repos debout sur une branche. (B. M., pl. XIII. 8). Statère. Arg. TB.

PONT

13

76 — **Amisus**. Tête de femme diadémée à gauche. ℞. Aigle de face aux ailes éployées. Sous les pieds : ΓΕΙΡΑ. Sous les ailes : ΑΡΙΣΤΙΟΣ. (B. M., pl. II. 11 var.). Arg. B.

BYTHINIE

77 — **Prusias II**. Tête diadémée à droite. ℞. Zeus debout à gauche tenant sceptre et couronnant le nom du roi. Dans le champ, aigle sur un foudre et monogramme. (B. M., pl. XXXVIII, 2 var.). Arg. TB.   410

Planche I.

MYSIE

78 — **Cysique**. Tête de Kore Soteira à gauche, les cheveux recouverts d'un voile. ℞. KYZIKHNON. Tête de lion et thon. (B. M., 133). Arg. TB.   145

EOLIDE

79 — **Cymé**. Tête de Cymé à droite avec bandelette relevant les cheveux. ℞. KYMAIHN. Cheval bridé au pas à droite. Entre les pattes une coupe à une anse. A l'exergue : ΣΕΥθΗΖ. (B. M., 78). Arg. B.   175

Planche II.

IONIE

80 — **Éphèse**. Ε.Φ. Abeille vue de dos. ℞. ΦΕΡΑΙΟΣ (nom de magistrat). Protome de cerf agenouillé à droite, regardant à droite vers un palmier. (Bab., pl. II. 1883, var.). Arg. TB.   200

Planche II.

80 bis — P. ΔΙ. Abeille vue de dos. ℞. ΑΔΙ. Cerf debout à droite, derrière lui un palmier. (B. M. — Bab., —). Arg. B. **Rare**.   110

Planche II.

CARIE

81 — **Rhodes**. Tête d'Helios de face. ℞. Rose sur sa tige, à gauche une grappe de raisin et à droite un grain d'orge. (B. M., 27 var.). Arg. B.   22

PAMPHYLIE

82 — **Sidé**. Tête d'Athéna à droite coiffée du casque corinthien à aigrette. ℟. KΛE-YX. Niké volant à gauche, tenant une couronne Devant elle une grenade. (B. M., 41, sq. var.). Arg. TB.

Planche II.

CILICIE

83 — **Seleucus**. (*Monnayage des généraux d'Alexandre*). Le Dieu Baaltars assis à gauche sur un trône et tenant un sceptre. ℟. Lion passant à gauche, au-dessus une ancre couchée. (Bab., II, 774). Arg. TB.

Planche II.

SYRIE

84 — **Seleucus Iᵉʳ. Nicator**. Tête d'Héraclès recouverte de la peau de lion, à droite. ℟. Jupiter assis à gauche tenant aigle et sceptre. Dans le champ à gauche, tête casquée; sous le siége croissant. (Bab. Les rois de Syrie et Commagène. Texte type nᵒ 3. Planche I. 7). - Tetradrachme (frappé à Sidé). Arg. TB.

85 — — Autre variété avec, dans le champ et sous le siége, monogrammes. (Bab., Rois de Syrie nᵒ 19, var.) Arg. TTB.

Planche II.

PHÉNICIE

86 — **Tyr**. Buste lauré de Melkart à droite. ℟. Aigle debout sur un éperon de navire, avec palme contre l'aile droite. A gauche: ΘM et massue. A droite: Δ. Arg. TB.

87 — — Autre variété avec A et AN. Arg. B.

ROIS PARTHES ET SASSANIDES

88 — **Gotarzès**. Sa tête diadémée et barbue à gauche. ℟. Le roi assis à droite sur un trône tenant un arc. Sous son bras: lettres Ā (Petrovitz, nᵒ 13, var.). Arg. TB.

89 — **Dardechir**. Buste casqué à droite, les cheveux bouclés et rejetés en arrière. ℞. Autel gardé par deux guerriers. Dhirème. Arg. TB. *Planche I.*   22

90 — — Buste avec tiare à droite, ℞. Autel soutenu par deux consoles. Dhirème. Arg. TB.   46

EGYPTE

91 — **Ptolomée I**er. **Soter**. Tête cornue d'Alexandre le Grand à droite et recouverte de la peau d'éléphant. ℞. Pallas Prométhée allant à droite et combattant de la lance et du bouclier. Dans le champ, aigle sur un foudre et lettre ΔI (B. M., 7). Arg. TB.   45

92 — — Autre variété avec lettre ΔI. Arg. B.   27

93 — — Autre variété avec le casque et l'aigle à terre; lettre ΛΛ (B. M., I. 8, n° 49, var.). Arg. TTB.   50

94 — — Tête diadémée d'Alexandre-le-Grand à dr. ℞. ΑΛΕΞΑΝΔΡΟΥ. Athéna Prómachos allant à droite. Devant, aigle sur un foudre. Dans le champ : AI. (S., 169. B. M., —). Arg. TTB.   100

95 — — Autre variété de signes. (B. M., n° 27, var.). Arg. TB.   65
Planche II.

96 — **Ptolemée II. Philadelphe**. Sa tête diadémée à droite. ℞. ΠΤΟΛΕΜΑΙΟΥ ΒΑΣΙΛΕΩΣ. Aigle debout à gauche sur un foudre. Dans le champ : Σ. (B. M., I.). Arg. B.   26

97 — **Ptolomée VIII. Euergètes II**. Sa tête diadémée à droite. ℞. Même légende et aigle sur un foudre. (B. M., 6, var.). Arg. TB. *Planche II.*   70

ZEUGITANIE

98 — **Carthage**. (*Monnaie Siculo-Punique*). Tête d'Héraclès imberbe à droite, coiffé de la peau de lion. ℞. Tête de cheval tournée à gauche entre un caducée et un palmier. (Muller, n° 21, var.). Arg. TB.   100

89.324. — IMPRIMERIE GÉNÉRALE LAHURE

9, RUE DE FLEURUS, A PARIS.

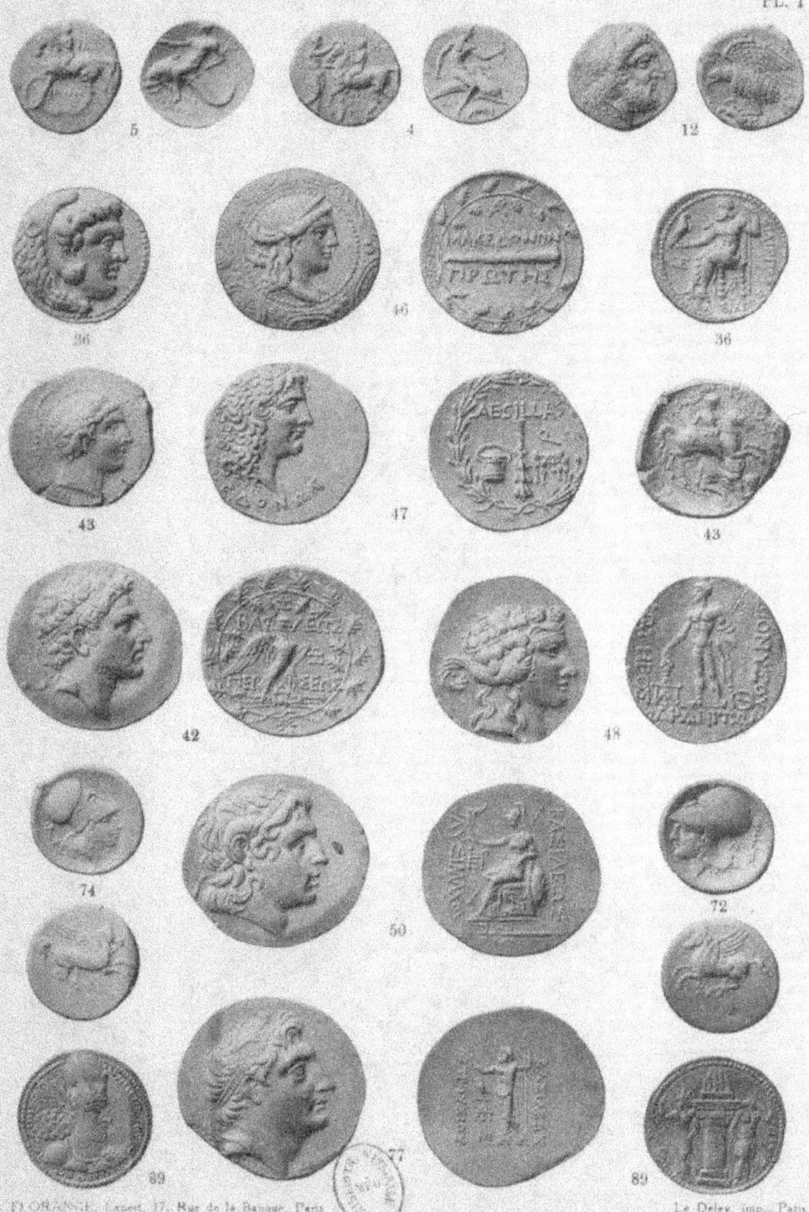

6
10
9
83
39
51
41
52
14
80 bis
79
80
82
83
97
69
97
85
95